JN410442

제비꽃은 오지 않았다

남주희 시집

문학의전당 시인선
0271

제비꽃은 오지 않았다

남주희 시집

문학의전당

시인의 말

안경 도수를 높이니 사물의 구도가 깨진다.
희미하고 우울한 것에 편들지 못해
몸이 가렵다.
겹쳐 보이는 시의 면적에 눈을 얹는다.

저녁 순정을 받아 쓴 일기 52편을 펼친다.
어둑살이 드리우니 낮은 것의 속내가 명징해진다.
나를 오래 들여다볼 수 있어 좋다.

2017년 10월
남주희

차례

제1부

제2부

제3부

제1부

소금꽃

한 생이 저렇게 져도 되는가
한 생이 저리 눈부셔도 되는가

나는 가랑이를 벌리고 생산의 임무를 마쳐야 한다 들려오는 소문의 발상지는 늘 햇살 중간쯤 되는 자리에서 듣는, 살이 마른 공백 낀 울음이었다

수천 개의 그리운 화석들이 꽃무릇처럼 피고
나는 저 밑바닥 가장자리쯤에서 생후 처음 듣는 울음의 진원지를 수소문해야 한다

몇 폭의 몸뚱어리가 바트게 접질러진 위로
생이란 생은 모두 바래지며 하얗게 건너가고 있다

오랜 정인에게 띄우는 전갈도 이렇게 백지장처럼 창백할까

어둠을 끄는 듯 끌려가는 흰 노인
풍장처럼 바래지며 천 개의 소금꽃을 따고 있다

고백을 품다

나는 얼른
해거름 마당으로 뛰쳐나가 일몰의 부재를 알아봐야겠다
굵은 힘줄로 햇살을 떠받치며 콘크리트 벽에 기우뚱댔던 그림자 수소문해야겠다
뒷덜미를 받치고 있는 역삼각형의 통증은 무엇으로 내장되어 있는지 커피를 굽고 있는 음악 카페를 지나 가로등에 박힌 빛의 취기를 닦아주고 싶다
하여 낮의 곤고함을 칸칸 채운, 저녁 심지가 불 댕기는 시간 지켜본다

프란체스코 교황이 다녀간 후
고백이 더 뚜렷해졌다

낮은 발성법으로 목을 밀어야 한다

저녁 길이 서툰 마흔의 어둑살이 발등에 떨어진다 빛의 그림자 따라 마른 눈물 떨구는 어둠을 조문한다
주황빛 등을 단 감나무, 색의 강도를 줄인다 느슨한 저녁

불 안으로 기침 소리 가라앉았다

점자처럼 튀어 오를 발소리

이마가 벗겨질 찬 시간 그때쯤, 낙타 걸음이 나무계단을 타고 오른다

속도를 줄인 점박이 행성 아껴둔 문장을 곱씹으려 한다

어둠을 편애하다

빛의 퇴화를 보러 저무는 저녁으로 나가야겠다

여자의 등에 실려 조붓하게 사라지는 시간
예의 바르다

농담(濃淡)으로 열기를 붓질한 하루
누구를 기다리는 것일까

검은색 슈트가 연서를 만지작거리며
금빛 단추가 반짝이는 쪽으로 걸음을 밀고 있다
금세 알을 부화하려는 새 한 마리 일몰 쪽으로 날개를 펴고
막 필 것 같은 고마리꽃에 물렁뼈를 부친다

불량기 없는 색채, 바통을 떨어뜨리면
어둠을 저음 처리하는 구부정한 각

물랭루주*처럼 찍힌
엉큼한 색,

바람에 중독된 잡초들의 곁눈질을 거들고
기울기가 각각인 어깨
어둠의 발신인이 되는

결핍을 무화시킨
하루를 찔러댄 숨소리, 친밀하다

---

*파리의 댄스 홀.

느긋한 움직임

427 버스를 724로 잘못 갈아탔다
눈에 선한 것들이 찬 시야를 당돌하게 통과시키고 있다

눈송이가 굵어지고
짧은 목들이 등을 부축하고 있다
정류장마다 가다 서기를 반복하지만
사람들은 표정을 끄고 머리를 밀쳐둔다
늦은 신발들이 눈을 묻혀 오르지만
눈[目]을 주는 눈[目]은 없다

길남 접골원을 지나
신식 성형외과 앞에서 바퀴가 어정대도
민망한 외투 서넛밖에 모으지 못했다
법원을 버리고 굴레방다리를 붙드는 사이

굵은 눈발 다녀갔다

미래에셋 간판에 홍보용 여자가 반짝반짝 저녁을 물리고

있다

조기 퇴직을 걱정하는 36세 봉두 아재 생각에

입을 삐죽거렸다

해를 옮긴 파라다이스 호텔

새떼를 흩뿌리며 저물도록 버려지고

검은빛과 눈[雪] 빛 사이 꾸벅꾸벅 고요해지려 한다

메리 크리스마스

나무의 표피가 말랐다는 통보,
늦도록 두근거렸다

잊었다
저녁나무에 옷을 입히고
숲을 거드는 일

혼자 우는 시간이 많아
배앓이를 했던
붉은 눈의 시선, 놓쳤다

당신을 풍경으로 임명한다는 초대장을 받은 후
아픔을 증발시키고

슬픔을 배운 적 있는 어둠을 떼어내
잘 달궈진 뺨으로 더운 입김을 부는 것
곧잘 삐치는 저녁 편에
무릎을 세워

등을 켜고
영하의 낱장들을 챙겨
눈먼 눈으로 마음을 열람하는 일

일찍 겨울을 다녀간 북극곰에게
툰드라의 독백들 유예해야 한다는 생각, 읽는다

나는 이내 무성해질 것이고
허물어질 마디를 피신시켜야 하는
모든 슬픔,

그만 총총

불화와 마주앉다

육각형 붉은 성당, 노을이 마수걸이하고 있다

저 아치형 창을 걷어 올리고 벽에 이마를 부딪치고 있는 피아노를 열고 싶다
어제 읽었던 단문, 생각나지 않는 짧은 구절을 흥얼대며 오늘 저녁 일찍 귀를 열 귀퉁이가 닳은 별 몇 차지하고 싶다

아이 서넛 착하게 줄 세워
챙 넓은 구름 명세서를 보이고
곧 방문할 햇무리를 기록해둘 것이다
야단법석에
물집이 생긴 꽃마다 초경을 치른
장미 다발을 던질 것이다
내 연분을 재촉할 것이다

한산한 저녁 몇 편으로
독백을 속닥거리며
비만을 논쟁하는 꽃, 중간쯤 되는 내 시를 읽히다가

불화가 두절되었다는 일기예보에
함께, 촉촉한

칸나꽃의 이기심이 메모된 해거름 7시
쑥스럽게도 내일은 쾌청

당부

종소리가 7시를 알릴 때까지 기다려야 한다 노곤한 하루가 깨어나고 모두 키를 낮춰 작약꽃의 뒷덜미를 엿보라고

아직 크지 않은 희망 같은 것 유예하고 야반으로 돌아갈 시간에게 어둠과의 자리다툼은 하지 않기로

내 등을 야속하게 구타한 하루에게 각질이 심한 손을 내밀며 초경처럼 수줍게 붉어지는 것

슬픔을 기억하려는 자에게 반쯤의 잔을 희게 건네며 아마씨 같은 불안의 정체를 묵인하는 것

은근하게 삭혀 귀가시킨 한 벌의 친숙, 곳곳에 나붙은 춤 메시지가 피카소 사팔뜨기처럼 어리둥절한

오늘 저녁 첨부된 바람의 대꾸에 내 언어는 반쯤 정리될 것 같은 전화기 너머, 저녁 7시에 개화한다는 한여름 밤의 편지 곧 당도할 것 같은

그늘을 옮기다

생리통을 앓고 난 후 부쩍 소심해졌다
곧 붉어질 창 앞에서 전보를 치고 일기예보를 당부한다
여름이 몸을 세우기 전 얼른 그늘을 옮겨야 한다

엊저녁 말의 등받이가 되어준 무능한 애인과 그늘을 바꾸며 어린이 보호구역에서 발을 견딘다 몸을 피해준 햇살, 사막 얘기를 구시렁대다 철책 뒤로 넘어진다

사내의 습한 배경들이 고백인 양 엎어진다 45도 목덜미를 무릎에 앉히고 속도를 옮기는 저녁나절, 우거진 이야기를 담으려 간격을 기웃댄다

야행성 정수리가 입씨름을 따라나서는 사이

얼굴 기억 못하는 나무, 새벽 아데콜리*에 칩거하고 있는 그림자 저녁 걸음에 모두 보냈나

---

* 세계적인 빈촌, 수상촌.

바람을 비틀다

베네토 커피집 앞
분화구처럼 파인 대머리가
어둠을 주문하고 있다

엑셀 7777번 차를 대기시켜놓고
시계 줄을 만지작거리며
제법 어둠다운 어둠을 두리번댄다
로데오 강가에서
젖은 머리 후후 불며 석양을 불 댕겨
입맞춤을 회복한, 열병은 자꾸 아득하다 했지

반들반들한 구두가 어둠을 수소문하지만
멸찌감치 저녁 참을 먹는 노동자의
뒤태가 있어
쟁기를 손질한 시간이
제 걸음으로 도착할 때까지
그는 엽연초를 굽고 넥타이를 수정하고
세레나데를 구상할 것이다

사방이 사위면
우연한 풍문이 한기처럼 달려들어
위선을 해체할 텐데

휴대폰에 불이 꺼지고
주근깨투성이 어둠이 치마끈을 풀면

감당할 수 없는 몇 근의 바람을
와락, 비트는

무한정 취하다

길모퉁이
어둠이 대폿집 쪽으로 옮겨 앉는다
스멀스멀 올라오는 피곤을
어깨 중심은 허락한다
몇 순배의 알코올로
몸살을 키운 나무 울음을 끄집어낸다

시야를 가린 기억
어둠을 해부하지 못하고

내처 달리지 못한 차들이
경적을 쏟으며 바퀴를 멈춘다
아무래도 오늘 어둠은 무게가 없어
아무렇게나 굴러간다
피다 만 꽃무릇 웃음을 저장한 채
달빛 쪽으로 어깨가 쏠린다

귀를 꿰맨 새, 소리가 들리지 않아

봄을 수리하는 사이
허공으로 피신한 부리들, 휴식을 동냥하러 온 취객들과
완전히 취한다

잠꼬대를 껴입은 바짓가랑이
노랫말이 불안하다

흐릿해지려는 목선(木船) 예약이 취소되었다는 전갈 아직 유효한지 최초의 발이 돌아다니고 마음이 돌아다니는, 취했다

남은 어둠

저녁, 불을 불러들이고 있다
아직 근육이 뚜렷한 시간
서 있는데도

슬픔을 가누느라 나무 등에
긴 머리가 서 있다
찬 얘기를 녹음하는 듯
가랑잎조차 예민해져 있다
어둠의 협조를 구해 손을 뻗치면
이미 지불한
배꼽의 순정쯤이야 나 몰라라
생은 근거도 없이 잘 삐쳐 쾌활하지 못하니까
애인은 연애처럼 실질적이지 못하니까

한때의 발화를 추모하려는 목소리
늦은 등불을 위문하며
밝기를 거부하고 있다
흙발 하나 둘 소문처럼 몰려와

고백이 첨가된 술버릇, 가만 놓고 가지만
식은 밥이 담긴 도구들
잠꼬대로 이미 졸고

내일 꽃은 부리를 거두고
허공을 마감하려 하고

불면을 포식한 얘기
겨우 잎을 유지하고

잠깐, 수작을

지리산 연화 폭포 근처에서
앗, 칠백 미터 아래로 몸을 놓쳤다

부러진 척추에 119 헬기를 동이고
나는 무한 창공에서 붉은 살로 깔깔댔다
속눈썹이 얼굴을 덮은 청원경찰 사내놈이
피 묻은 내 속살을
다정스레 읽어주었다

구름 속 오직 단둘
싱싱한 무순 같은 그는
삐딱하게 부러진 내 몸을 간청하듯
슬픈 눈알을 점자처럼 박았다
천지가 밀봉된
재스민 향이 다녀간 까끌까끌한 목덜미로
나는 풋내기 상간녀로, 화간을 아작 씹었다
체위를 바꾼 상큼한 호작질
무책임한 나무와 하늘과 별의 뒤꿈치가 아련히 보였다

지상에서 어겼던
한 꽃의 생을 깨우며
풍문처럼 달달한 내 첫사랑이 걸어올 때까지
오달지게 바싹 감겨
국경을 박차 오르는 등 흰 나비가 된다면

어깨를 이마 쪽으로 묻으며

소실점이 희미하도록 훨훨 날아다닌
키르키스 초원*의 배경이 되어준
잠깐의 수작

---

*중앙아시아에 있는 초원.

허술한 울음

죽은 조개를 줍고 있는 석양이 비칠거리고 있다
막무가내로 비켜선 목선
그림자 길이가 수상하다

만조시간이 늦어진다는 전갈에
불면이 불을 켜면
귀먹은 망둥이가 울고
망둥이 어미가 울고
날개 없는 비린 것들의 숨소리가 갯벌을 긁어댄다는
문자
밀물 통신이 두절되기 전 채취해야 한다
대각선으로 누운 시간에게 무릎을 긴장시키라고

살아 돌아온 갈매기의 안부가 궁금한 저녁
밤새 콜록거린 생의 기침 소리
베고 잔 잠이 불편한 듯

저녁을 건너뛴 새끼 게에게

간신히 빈 젖을
물리는 시간
갯벌은 묵묵히 파도의 높이에 항거하며
잠꼬대인 양 저녁 안부를 외우고

달빛 속으로 파고드는 물의 울음
조금씩 허술해지고

속초, 혹은 배경

속초항 한재여관
손님 받을 생각이 없다
반쯤 열려 있는 바람의 농도에
놀란 척하지만
부실한 내숭, 털을 곧추세우고 있다

낮달을 지고 선 배경은
차게 피어오른 절친한 하늘과
엊저녁처럼 묵상 중이다
아주 민주적으로 속 시원히
생의 진입을 시도해보지만
며칠 후 잠깐의 추위가 모일지도 모른다는
화투 점에 찍힌 소식
파도의 문고리를 일찍 걸어야겠다

만삭의 도다리 간판이
음정이 불안정한 박새 한 마리와
늦은 길 밖에 나와 있다

피신해 있던 바다 몇 평이 발목으로 올라와
하룻밤 유숙할 시상(詩想)을 점검하고
써 내려갈 이유가 있는 것처럼
채집, 골똘해지려 한다

붉은 스카프가 오도바이 등에서
길을 꺾고 있다
각을 보니 애인이다

열렬한 물살 이미 붉으려 한다

낙화의 시간

나무의 그림자가 일렁일 때마다
얇은 망고 냄새가 난다

비를 방관하는
리넨* 스커트
여름을 속 시원히 내주고 있다

낙화한 시간이 혼자 핀 꽃을
소문내고
사방이 종잇장처럼 얇게 구워지는
베네토 커피집
모처럼 외등이 켜진 이유
카푸치노 원두 세일이
잠깐 증명한다

공사장 망치 소리가 떠나고
빗길과 가로등의 시선이 충돌한다
비상등을 켜며

우선멈춤을 받아들이는 회갈색 레인코트
비를 끌어당겨 젖은 문신과 속삭인다

불빛이 따돌림을 당하며
이별을 귀가시키고
허술한 잠들이
잠을 완성하러 길 밖으로 뛰쳐나가면

상한 꽃잎을 밟고 선 중년의 사내
어둠의 꼬리뼈쯤에서
빗길 쪽으로 건너간 죽은 시간에
붙들리고 있다

---

*아마포(亞麻布).

야반도주

서해바다를 신발에 담아 왔다

돌고래 같은 파도가 퍼덕이며
밤새 앓는 소리를 낸 것도 모른 채
귀 밖으로 던져진 바람 소리라고

민박집 등
일찍 꺼졌다

잠을 뒤척이다
앗—
간밤을 벗어 바다 쪽으로 걸쳐두고
갯벌 폐쇄회로 따라
망둥이 짱뚱어 새끼
휘어지며
몸 깊숙한 포복을 감행했다

전생에 내림받은 종아리 헤엄으로

껑충 날아올라
수혈한 물살 움켜쥐고

빈 신발도
숨죽임도 허공에 맡겼다

탈출의 몸을 도운 어둠 기운 채로
창틈은 젖어 퍼렇게 조용하다

모래톱 위
밤을 연소시킨 지상의 증거들
야멸차게 찔러댄
생의 꽃무늬 여럿

환청

진주 호국사 담장 너머로
절집 불이 바알갛게 피어 있다
늦은 밤
문안이라도 드리려 문을 미니
연꽃 겹창살 끌어안은 촛불이 탁 꺼진다
타박타박 가던 길 다시 돌아보니
대낮처럼 불이 환하다

잘못 본 것일까

오늘밤 통실한 부처 등에
청자음각연당초를 수줍게 그린다
, 분명 들었는데
눈알을 내보내고 바르도*처럼 섹시하게
공명통을 뜯는다
, 들었는데
아미타불 탱화 뒤에 숨어
귀신나무 꽃 옮기는 서늘함 다녀간다

, 들었는데

무슨 연유일까

죽비 소리에
소신공양을 놓친 어둠이
조등을 꺼버린 것일까

지장보살 능청으로
백년 애인 불심과 화해를 요청한 것일까

---

*파리의 모델, 가수.

청춘열차

느릅나무가 어둠을 한 장씩 털어낸다
다만 알아들을 수 없는 수화를 난수표처럼 날린다
사랑에 허기져
부실한 꿋발에 미친 척 취했더니 비광 대신 햇난초 젖가슴이 헤벌쭉 뒤집힌다
섹시한 설사다

협조가 부실해 몸을 해체하기엔 역부족이다 어둠 몇 컷으로 재수 없게 토실한 저 느릅의 궁둥이와 수작을 터야겠다 쑥쑥 몸 만들고 있는 그늘에게 몸을 휘어 은밀한 첫 단추를 발설해야 한다 오목한 입으로 입 냄새를 풍기며 불량해진 첫 경험을 궁싯거려야 하는

저 목마른 나비 무사히 밤을 지탱하는지
몸, 몸이 궁금하다

새떼들이 입성하기 전
오르가슴인 척 비틀비틀 덤벼봐?

제2부

눈웃음

저 불안한 사내

각을 변경하며 스커트를 훔치고 지나가는 꽃들을 시식한 후 천정을 뚫는다 헐값을 쓸어 담은 가죽 가방을 비틀며 체위 놀음인 양 눈동자를 껴안고 롤랑 바르트처럼, 사이비 교주처럼 흐릿해지려 한다 옆 아가씨의 스마트폰 글씨를 집어 들고 히죽히죽 눈초리를 넓힌다 바닥을 훑다가 지하철 노선표를 끌어당겼다 놔 준다 춤 선생처럼 울타리가 곳곳에 쳐진 미친 생을 열람 중인가 눈 이동이 심하다 힘센 척추, 왕성한 미토콘드리아*를 요하는 발기부전 문구에 모가지가 정지된다

손가락이 채워진 금반지 틈을 노리고 저녁을 옮기는 착한 지하철 무심하게 통과한다 나무와 전신주가 입을 깨물고 유리창에 덤빈다 싹수가 노란 관리대상 품목에 죽자고 들러붙는다 노회한 자루 속을 들락거리다 귀가 닳은, 꽃제비의 눈웃음이 오후 쪽으로 빠지고 빌어먹을 얼굴 한 칸 뒤적여보니 속눈썹이 중고(中古) 같다 배달된 인상은 에우라지 팽 당한, 벌레이다

---

* 세포 발전소.

물컹

무량사 극락전에서 오체투지 코를 박았다
염불 한 자락 구시렁대다 색즉시공 공즉시색, 다음 구절이 생각나지 않는다
잘 감긴 아지랑이를 풀어내는, 구불구불한 절집 노랫말 같은 그것
에~또 에~또 하다가 죽비가 엉덩짝을 콱 내리친다

함량 미달인 전생을 탓하다 억겁을 바치고 서 있는, 수컷처럼 늠름한 절 기둥을 끌어안았다
내가 안고도 또 내가 남아 혓바닥으로 브라보 관세음을 외쳤다
벼르던 첫사랑을, 헐한 생애인 양 와락 당겼다
돌쇠 같은 근육이
물컹
오래 방치된 순정처럼 살 뭉치가 약하다
사랑하면 이렇게 근본 없이 무너져도 되는 것일까
부처도
극락도

낯 뜨겁게 동의한 오십 년이 훌쩍 지나갔다

부적절한 관계도 없이

방생

선운사행 버스를 타고 가다
물가에 내려선다
그대의 명(命)은 저만치 물러서는 것
결핍을 용서해
영원한 자유에
날개를 달아주는 것
비늘을 그려 넣고
부레를 수정해 물빛 속으로
띄워야겠다

지느러미가 불편한
약 오른 가을을 혼자 두고
대장금 약선식 처마 긴 기와집에서
폐선 안 묻어둔 고기 냄새를
부처 한 점
나, 일인분 구워야겠다

빛 좋은 날

어림잡아 뒤태만 보인 그대, 그대에게
오래 기다려준 꽃말 몇 점 묶어
안부를 묻는 시간
아득하여 더는 말릴 수 없는 생
야윈 풀잎처럼 뉘어놓고
분별없이 묵인하는

수문을 빠져나가며
찬 눈물 글썽이는

두툼하게 껴입은 저문 날의 인과(因果)

제비꽃은 오지 않았다

질감이 떨어졌다 원산지 표시 없이 붉기만 했다
당도 측정에 실패했다는 흉흉한 소문들
지난여름의 공양(供養)은 초록을 짓뭉갠 죄로
늙은 염주 알만
매달았다

경운기가 끌고 가는 울퉁불퉁한 길 위로
B품 투성이인, 일천한 한 계절이 굴러가고 있다
홍정 없는 떨이 품목, 이라고
헌 데를 수리했다, 는 구설수에
몸을 풀어 악악댔다

내 심장을 방망이질한
말이 없는 값
연하처럼 풋풋한, 순정한 몸의 경전이라고
믿을 무렵

밖의 혀들과 눈초리가 수상했다

다도해 남녘엔 물렁뼈처럼 봄이 왔다는
아니 오고 있다는
야바위꾼이 흘린 손 떨림만
찔끔 믿은

오일장, 파장을 묶은 달랑 한 근의 이별식에
생의 버르장머리를 혼낼
저녁 신문도 제비꽃도 오지 않았다

아— 잘못 방류한 아까운 내 꽃잎들
용서하시게

밤참을 굽다

순정식당에 불이 켜지고
제일건축 간판 일찍 불 내린다
로또 당첨 가게 앞
복권 몇 장 쥔 늙수그레한 노동자 앞일을 예견한 듯
싱겁게 웃으며
훤하게 면도한 야참 국숫집으로
몸을 민다

야광을 묻힌 안전한 어둠 안으로
태극기를 단 오토바이 배달을 나른다

홀쭉한 아랫배가 밤참을 털어 넣고
삼겹살이 대폿집을 거들어
서로의 나이를 점령하려 든다
말투를 고쳐 쓰며
아직은 쉰이라고
귀를 대고 뼛속을 두드리는 취기
민망함을 앞당기고 있다

고함을 뿌리고
문둥병 같은 흉흉한 소식에도
저물도록 몸 밀고 있는
의자, 걸터앉은 저녁상을
굽고

무한창공을 들어 올리는 허기진 중심
밥

한 생을 짊어진 그믐, 건너가고 있다

리모컨의 배후

북극 여행을 식탁 위에 올리고
오로라에 있는 아이의 안부를
기별 받는 시간
잠을 걸친 채
하루 종일 부라린 눈알들 일찌감치 돌아갔다

샤를로테*의 왈츠가 부활하고
완강한 근육질이 도착하면
체한 배는
키스처럼 말랑해진다

미끄러지듯 스텝을 밟다가
배꼽을 부러트리는 일

냉전 중인 에티오피아 유전에서 불이 났다는 전갈에
묵상 중인 허벅지가 호들갑을 떤다
아랫도리에 곧 화상을 입힐 것 같은
엄포, 한밤에만 살짝이 엿볼 수 있는 체기

조심스레 오페라 한 구절을 씹으며
고백을 자극하는 달달한 음

허전한 목덜미를 후하게 내려놓으며
군살 붙은 평화를 아무렇게나 비려두는

늦은 혼자

---

*괴테의 연인.

왁자한 몸짓

저기 한 사람 어둠을 광주리에 담아
중앙선을 지우고 새 발톱을 지우고 옆 가르마를 지우고

골라보세요, 마음에 드는 어둠이 있나요

1. 수입 소고기 가시 발라주기
2. 마리아 님 남자 바코드 붙여주기
3. 대머리 애인 머리 빗겨주기
4. 칸트에게 한글로 면박주기
5. 낙화한 꽃, 문수 확인하기
6. 일만 송이 장미 세다 죽기

난청인 양 그늘로 발을 옮기면
간밤 홍역
빗금 쳐진 채로 보류된다

매연 보호구역에서 바람 차로 갈아탄 침묵
양보 받아 왁자하다

살아가는 게 울음밖에 없다던
먼저 도착한 슬픔으로
뒤 울음을 울 당신

어둠을 번식하려 번개탄이 구워지고
진열된 목청들로 곱창 몇 점 씹으면
막 개화한 백일홍
바람 더미를 허락하고
기울어지려는 낮달 쪽으로 편든다

하루를 탕진한 여분의 혓바닥이
저문 저녁을
기록하는
지구 한가운데 소리, 기울기가 헐렁해지는

우두커니

기차가 떠난 후에도
우두커니 서 있는 여자
굴참나무처럼 당돌하지 않게 순순히
껍질을 벗고 있다고
이제 곧 따뜻한 환기를 저축하려
기억을 방류해 골똘해지고 있다고
기차의 뒤꽁무니에 대고 짙은 오월의
파편을 부치지만

사방을 두리번거리는 저 낮달의 표정을 꺼내보면
생은 늦도록 아득하다 못해
슬픔부터 진화시키고 있다
내게로 와준 고단한 이력들이
몇 겹의 바람으로 요동치는 지금

모두가 떠난 어둠의 자리에서
아직 미열이 남은 바닥을 훑으며
환란처럼 날뛰는 꽃들의 염치, 지켜보며

불화를 연소시키는

수초처럼 엉킨 슬픔 물색없이 거드는
속살이 나달나달해진 마른 주검조차
우두커니

동여매다

누구의 이마를 짚어주는 일

화해를 청하고 귀를 빌려
휜 등을 바루는 것
내가 동여야 할 일

늙은 늑대 그림을 배경으로
덩그러니 감긴 너를 옮기며
적막하게 한 생을 엮은
불혹의 얘기들

저녁 물때가 앉은 연장을 씻고
예열한 치아를 달그락거리며
정갈한 수저로 질끈 나를 혼내는

사막에서 빌린 모서리가 뾰족한 말들을
식탁에 올리며
캄차카* 티티새의 불편을

총총히 거드는 일

곧 끝날 것 같은 얘기들을
먼저 보내고
사소한 눈물로 나를 지배한 말의 뿌리

대수롭지 않은 평화로
좁혀질 것 같은 예감을 곁눈질하는
사이

눈치채지 못한 당신, 먼저 침식하는

---

* 러시아 극동에 있는 주.

꽉 찬 저녁

어둠
휘파람 한 소절 귀에 뿌린다
모자를 동여맨 빨간 모자 밥 소식을
낮게 소문낸다

문 밖에 잘생긴 밥이 잠복해 있다

심야 관광버스가 엎어진 포클레인 쪽으로 다가앉는다
저녁을 타러 온 것일까

굴참나무 사이로 밥들이 조롱조롱 매달려 있다
어제 태어난 신생아들 저녁 예배를 생략하고
젖꼭지를 놓친 밥알을 수거하려 든다

옷 한 벌로 견딘 다리
잘 보관된 저녁 쪽으로 구겨 넣고
시장기가 보태진 참소주
광택이 돋아

술버릇이 딸려 나오는 것 잊는다

방금 드러누운 생선
서로를 경계하지 않는 눈알로 둥근 저녁을 편다
꽉 찬 저녁이라고,
고봉밥이라고,

송구한 눈물

이스탄불 데데맨 호텔 앞
어둠을 앞에 둔 검은 여인이
끈질긴 울음으로 눈물을 운다

불룩한 배가 울어야 할 이유를 증명하고 있다

세상의 바람을 혼자 막기엔 저 눈물로는 턱도 없지만
울게 버려두는 울음의 염치가 송구하다
같이 울어줄 울음이 없어 두리번대는 눈물 아래로
겨드랑이와 배꼽이 격하게 울어주고 있다
야윈 발목으로 맨땅을 끌어당기는 울음
유속은 점점 가팔라진다

누구를 떠나보내려 할까

울음을 수락한
저 완성된 눈물을 부추긴 바람은 어떤 종주먹으로
그녀를 과식하게 했을까

허투루 본 어둠에 찔려 키득대던
생의 알몸
톡톡히 조문을 받는

어둠을 분양하다

완전한 어둠을 차지하려
긴 줄에 합류한다
나무의 탄력을
정적을 위장한 불안한 냄새까지 분양 받으려 한다
몸을 들여앉혀 시식한 어둠
아직 컴을 켜지 않았어요, 라는 한 벌의 메시지
주소가 뜨지 않는 창을 버리고
엊그제 개화한 벚꽃, 임대한 꽃이라고 소문낸
종이 글, 뒤적거리는

잎을 구겨 쥐고 있는 앉은뱅이꽃
잠금장치를 풀고
새 울음소리를 들어보라고
어둠의 속말만 귀띔해 새벽을 알리라고

바코드 위를 스친 분양된 씨앗들
줄 밖으로 밀려나고
발자국이 선명한 어둠

빗소리에 끌려 달아나는
여즉 꿈틀대며 후기를 정리하지 않은
왁자한 인기척

순위에 밀린 몇 평의 어둠이 턱을 괴고
사라진 것의 뒤통수를 흘깃거리는

노동의 사생활

지하도 난전에서 산 오천 원짜리 바지
늦은 밤
나달나달한 육신을 예열하느라
옷걸이에 말이 없다

저것의 생명은 곧 끝날 테지만
허술한 지구의 처마 밑에서
장바닥을 훑고
흙 계단을 헛디뎌 사정없이 구를 때도
주둥이 얇은 새의 사생활은 소문낸 적 없었지
아무렇게나 꺾이어 허공처럼 밀쳐진 생, 옮기느라
종일 휘어졌고
말이 적은 나무처럼 말라갔고

이제 느긋하게
발을 씻고 손을 데워
내 잠 옆에서
밤을 지탱하고 있는

오래전 서로에게 뿌려준 꽃을 기억하듯
잎을 주문하듯
불쑥 자라날 침묵 쪽으로 눈을 주고 있다

준비된 입말을 가두고
슬픈 노동 따윈 추모하지 말사고

차게 보관된, 빛을 끈 사내의 몸뚱어리를 후려친
풀죽은 허벅지에게
한 번도 손 건넨 적 없는 어둠, 글썽이고 있다

귀가

바람
구름 몇 장 찍어 집으로 돌아간다

따뜻한 물살이 날갯죽지를 데리고
102번 종점 버스를 기다리는 동안
재단사의 손놀림이 빨라지며
저녁 자투리를 덧대고 있다

일몰이 차를 타고 청계 둑을 건너는 시간
바퀴에 끼인 어둠이
페달을 밟으며
구름 속으로 잠복한다

종종걸음으로 쫓아다닌 담벼락
종아리를 끌고
늦추위가 모인 골목길을 천천히
통과하고 있다

벌건 허벅지로 견뎌내야 하는
재개발지구 하늘이 어두워지고
날개가 시원찮은 날벌레들
어두운 곳에서 주둥이를 내린다

유목의 새 꽁지가 희미해지면
유리창이 지워지고
나무가 지워지고
저녁 손톱이 지워지고

불빛 길게 딸려 나오며
웅크린 꽃들과 저녁을 익히는

더러 당신인 듯한

저녁을 밀어내는 비의 소음
나는 곧 하이힐 뒷굽을 수선해야 될 것 같다

가랑이 사이로 그늘의 체위가 바뀌며
부유하던 도로의 폭, 좁아진다
비의 잇몸이 열렸다 닫혔다 하는 사이
한바탕 소나기가 다녀갔다

고개를 꺾고 우산 속으로
허리를 숨기는 불빛, 그리운 것의
전편을 예고한다

비 냄새를 타러 온
젖은 잎들, 배식을 기다리면

저물도록 몸 글썽이는 저녁
날개를 접었다 편다

어둠의 공터가 탯줄을 거두고
더러 당신인 듯한 지문 몇 점
압정으로 누르며
이른 휴식을 의자에 앉히는
잘생긴 습관

기울기가 비슷한 한 잔의
푸념으로
슬픈 군단을 만나면
독설을 털어낸 생의 레시피는
독설로 잊히고

빈방을 경험하다

밖을 잠그고
별을 두리번거린 날
태연히 꽃의 모종을 관리하고
이별을 첨부했던

젖을 문 눈알들이
로또를 긁고
목덜미가 부러진 얘기
처녀귀신처럼 돌아다니곤 했다

가끔 굴욕의 뤼팽*인 양 모자를 빌려 쓰고
햇사과를 깎는 소년들이
우주의 별채에서
시시덕거렸다

저녁잠을 세워둔 체
어둠을 보관한 틈새 바람 저물도록
웃자랐고

자귀나무 엉덩이와 동거한 조무래기들이
봄날을 끌고 사라지면
우린 미아처럼 꺽꺽 울었다

한 생의 고백을 누수인 양 흘리던
눈물을 임대한 세 평 어둠을 쟁취하려
칸나꽃, 아픈 척하고

사춘기처럼 생긴 장애아
허전한 입술을 만지며
아득하여 더는 미룰 수 없는 수치심을
차게 흘렸던

---

*루팡.

돼지국밥 집에서

대머리 사내가
돼지국밥 속으로 눈알을 민다

노동을 끝낸 제례상 앞에서
사막의 길을 걸어 지구로 돌아온
가여운 모자를 벗고

밥만으로도 히죽대던 돼지의 일생, 경외한다

비곗살이 추천한 엉큼한 혓바닥에
무작정 받아쓴 생의 과제를
털어 넣는,
허실이 많았던 두통 저쪽쯤에서
알이 단단한 헛기침으로
하루를 포식한 말
가볍게 도착한다

일몰의 뒷자리를 탕진하며

늑골이 휘어지도록 골똘해 보지만
목구멍을 찌른 밥알은
갈증이다

불쾌한 목청을 끓인 국물 사발
이명처럼 왕왕거리는 사이
해는 다녀가고

아직 덜 갠 얼룩
젖은 채로 마르겠다

수컷들의 행위

어둠을 묻힌

나무들의 발이 빠르다 보폭을 줄이며 서두르는 폼이 예사롭지 않다 담벼락을 의탁한 홍매화 관절을 꺾으며 나무로 있길 원한다 리어카에 남은 과일, 떨이라는 이름으로 어둠 쪽으로 손을 들어준다 그림자 지운 새들 반항을 접은 채 몸 시늉만 남기고 유령으로 건너갔다 알전구 허락 없이 마을을 밝히고 수컷 곰의 사타구니 햇잎을 향해 몸 낮추는 행위, 진행 중이다 알들은 몇 바퀴 어둠을 묻혀 부화를 꿈꾼다 마치 어두워야 속사정을 뚫을 수 있는 만화방의 박쥐처럼 두둑하게 받아 챙긴 저녁, 끌려가던 길 불러 모아 24시 편의점으로 허기를 충전한다 수컷 엉덩이를 반기는 그늘, 소멸을 음미하며 스타벅스 커피집이 몰래 입을 탕진한다

불빛 부수고 다시 그러모으는 행위 이미 제각각이다

제3부

희미한 옛사랑의 그림자*

땅속 깊숙이 몸 밀고 있는 노쇠한 풀더미
뜨거웠던 길 지워지고 젊은 날 만행의 윗도리를 벗은 나무 위에 걸려 있다 천리 길을 달려온 적토마의 숨찬 우울을 서술하는 사이, 저렇게 불편한 뒤태를 용서 없이 보게 될 줄이야 뼈를 들고 서 있는 짓다 만 아파트 뒤로 빛진 것들이 웅성대며 늦도록 불린 일탈을 염려하고 있다 따뜻한 혁명이 오면 짐북처럼 고요하라고 발신인이 여럿인, 행선지 문구가 도착했다
점자의 속도가 가팔라 해독이 느리다

하얗게 서리 내린 무논 안
등고선 겨드랑이에 기댄 산그늘 이별식을 치르는 동안 어둠은 방치된 채 어둡다 북쪽으로 자리를 튼 습지, 여태 피지 못한 구근들 번식을 마감하고 묵은 씨앗들 일찌감치 몸을 피했다

속도를 내며 그늘을 기웃대는, 봉인된 허공의 알들 주머니 속에 찔러 넣고 당신의 부화로 한 평 그림자를 다시 대워야 한 듯

---

*김광규의 시에서 따옴.

누추한 잠

늦은 지하철
목이 풀릴 때마다 굵은 주름
시간에 맞물려 기록된다

바짓가랑이 사이로 정거장이 몇 번 빠져나가지만
잠은 회복되지 않는다
탈색된 하루가 빨간 독기들로 차기 전
일찍 후회할 노동의 깃발을 수정해야 한다

누추하게 돌아서는 눈물의 순도를 기억해달라고
뿌리 깊게 구두끈을 조여야 한다

무릎 꺾는 일로 봄은 올 것이지만, 나비 잠 쉬이 풀려 꽃 본 듯 취할 테지만

회복되지 않는, 버려두는 몸의 관용이 초저녁처럼 졸고 어둠을 부양한 저녁 소문 푸르게 살아있다

종내 오지 않는 포만감으로 독배를 탕진한 시간 흩어지면 휘어진 허리 정중하게 부딪칠 수 있을까

저 고단한 잠버릇에 이불 한 자락 덮을, 삶은 때론 신기루 같아 담티역 다음이 세종역이라는 것 몰라도 되는

시나브로, 여름 끝

그 푸른 암호 쪽지는 다 어디로 갔을까
짧어진 마디가 수북해 등창을 볼 수 없었다
바람의 날[刀]이 약해진 후
몸이 우물쭈물하고 있다
햇살의 각도가 가파르게 불안해 하고
오목한 능선들이 저녁 발이 시리다 한다
주절대던 여름 텃새들의 입이 돌아갔다는 풍문이 도착하고
폭풍주의보가 빗금을 풀며 겁먹은 더위를 접수했다

햇과일이 다투어 상점을 열고
버짐을 벗어던진 아이들이 햇빛을 들고 거리로 쏟아지겠지
꽃 진 자리에 술 냄새를 풍기며
새끼 뱀이 빨갛게 울고
어미를 찾는 밀잠자리 저녁 창을 두드린다

지분거리는 느릅나무 손버릇을 피신시키고
불필요하게 늠름한 거웃 불만이 팽팽하다
발바닥을 벗어던진 굴참나무 일몰 쪽으로 오후를 줄이면

여름 중독에 해방된 꽃들
어둠 안으로 빨려들어 간다

슬픈 잠

대학병원 중환자실에 아버지를 맡겨두고
무작정 강가로 나왔다
강은
파고를 조절하기 위해
진한 물살의 몽둥이를 맞으며
힘의 모서리를 당기고 있다
고르게 못줄을 잡아
형평을 유지하느라 죽을힘을
쏟아붓고 있는 것을 본다
거친 산바람도 달래
잡목의 그림자를 유유히 띄워내며
괜찮다, 견딜 만하다는
마른 형해의 속내, 진즉에 몰랐다

이제
더 마를 것도 없는
허연 강바닥에 누워
하염없이 강물을 채워

지난한 생의 그물을 다시 건지려는 것
밀쳐두고
물은 물대로
물결은 물결대로 가라 하신다

은빛 사리를 걸쳐 입은
한 벌의 죽음
비로소 당신 멋대로인

말랑한 순산

아, 내일이면 만월을 볼 테지
나무의 멱살이 말랑해지면
예민한 달의 흠향으로
원을 통과해야 하는 거지

늑대 울음이 배후가 된 날
나는 도톰한 입술을 깨물며
귀를 열고
코를 벌름거리며

저 지독한 하류쯤에 계수나무 불씨를 터트리는 거야

덜 여문 동백 대가리 같은, 물컹한 것
입을 끄고 제상으로 옮기고
낙과는 조무래기들처럼 모여 바람에 웅성대고
아무렴 어떠랴
한 자루의 빛과 누추한 벌레의 날갯짓에도
용케 터번을 둘러쓰고

한철 근심을 도모한, 첫
과육을 훔쳤으니

불규칙하게 흩어진 소문을 읽고
주피수 따라
늦의 발화를 낭신

날개를 퍼덕여 시공을 관통한

반구대 암각화

대곡천과 청동을 두드리는 소리쯤이야
들여앉혀도 되겠지

밤 마실 어디쯤 살구꽃이 피었으면 좋겠다

활들이
저녁 사냥을 두리번대고
국보 285호 멧돼지 모가지를
암각으로 붙였다

새끼 호랑이 젖을 물고
아낙의 물 긷는 소리, 잠잠하다
밤마다 고래가 치마끈을 동이고
짝짝이 걸음의 늑대가 칠천 년 전 어둠에
어른처럼 눈알을 굴린다

너구리 발자국을 대책 없이 핥고 있는
다리 긴 거북

야음을 틈타 반구대 바윗돌에
무단침입을 고자질하곤
돌인 척 갇혀 있다

바람이 참여하고 있지만
혁명 같은 것 꿈꿔본 적 없는 여우 주둥이
간드러진 새벽 물살을 소문내고 있다

유효기간

1.

계절의 두통이 심하다

석고대죄 하는 햇살의 치아 사이로 종주먹 같은 바람이 지나간다

아무리 곱씹어도 다시 붉어질 시간이 아니라 여겼을까

서두르면 회춘이 발기된다는 새빨간 거짓말이 삐라처럼 뿌려진다

다만 빛의 각을 빌려 굴절을 늦추려 애쓰는 표정, 읽을 수 있다

목발을 짚고 선 늙은 나무 휑한 눈으로 시장기를 견디고 푸른 띠들이 던져준 앙상한 먹잇감을 감추듯 쪼아본다

그가 읽었다는 것은 돋보기 도수를 높여 한 생을 경작한 춤사위를 또박또박 기억하는 것 이제 막 보철을 끝낸 세월에 해 넘긴 울음을 보태는 것이다

터무니없는 깨꽂의 장례를 보고 난 후 식솔들을 데리고 어디론가 한철 피신 길에 오른다는 생각, 야무지다

2.

다시 유치가 나고 초록에 편든 비린 것까지 푸석한 머리채로 새떼들에게 탑승한다
월경(越境)을 꿈꾸며 북으로 날개를 모는

S자형으로 구부러지는 풀들의 소실점을 경청하며 아직 덜 마른 기억을 뒤집어쓰고 내처 달려보는
웃자란 바람, 갑옷 속에서 알들을 쏟아내고 산란을 끝낸 하순(下旬), 식욕을 거부한 채 동안거에 든다

칩거에 들어간 무덤 앞에 안부를 들고 있는, 몇 편씩 들리는 근심 온도 차가 심하다

어둠 칸칸

블라인드 속 어둠 칸칸
나는 우두둑 등을 접어
완숙된 시간을 밀쳐두고 허벅지를 가둔다

흩어지는 하루살이를 그러모아
자작나무 청춘을 추켜세우고
서둘러
세숫물 온도를 올려
자주 두툼해지는 피곤을
편애할 것이다

서늘한 소리로 몸을 씻고
정제된 언어를 골라 쓰는 일
반듯하게 속사정을 뒤적거리며
내 묵언이 고발당하는 일에
익숙할 것이다

우두커니 밤의 반복을 지켜보는

잘 익은 고양이 울음
어둠의 용량 속으로 짧게, 짧게 눕는다
성당 첨탑 불빛이 뼈를 곧추세우고
피다 만 꽃들과 한통속이 된, 거처가
불분명한 저 자유를
곧 정리할 것이나

우기(雨期)를 대비해 어둠의 포즈를
띄엄, 기록할 것이다

갑상선 종양

이것도 꽃인가
뇌하수체 호르몬에 균형이 깨진
몸속, 화관 하나 얹었다

나를 여인이라 불러준 첫 말
몸을 찌르며
물오른 목단꽃의
유두를 사정없이 누르던
모로 누워 앓도록 그리워한 기억의 꽃
층층 야위었다는 전갈이다

긴 갱도를 지나
목울대 중간 지하방에
좀 건방진 사내와 부전나비
살림이 거덜 났다는
합일을 조립하기엔 늦었다는 소문이다

전류를 방전시키며

어둠을 중복시키던 거친 늑대
여러 번 붉었던 알몸, 향기만 보쌈해
잠적해버렸다

독기를 뺀
울음나운 울음을 허용해
깊숙이 혀를 밀어 미끼를 물면

왕성한 사내의 품위 정도
수혈 받을 수 있을까

짭조름한 몸

굴참나무 눈 흘김을 모른 척하고
저녁마다 신장개업하는 장미다방을 돌아 나와
천 개의 촉수들이
미스 김의 종아리를 읽는

간밤 잠, 한 주먹 붙어 있다

엊저녁 두통
불면 쪽으로 이유를 넘기고
우거진 입 다시며
누군가의 생에 관여하려 든다

몸을 알아차리고
새 한 마리 저문 바다로 떠난 시간
일몰은 불우하게
정맥을 드러내고
일을 마친 어깨가
짭조름히 몸을 훙정하는 지금

어린 뱀의 울음을 끌어당겨
낱알을 물리며 젖은 이불을 덮는
아직 익지 않은 당신의 몸
통째 시식하는

늦게 도착한 배경 뒤
민낯을 지우는 희미한 낮달
칸칸 짜인 어둠을 기웃,
부화시키려는

참 아득한 연애

월세는 수입이 들어오는 대로 주면 됩니다.
수입이 없으면 안 내도 된다는 임대차계약서에 들어앉은 당치도 않는 입말만 서른 해
나는 매일 슬픔을 데우고 졸여 아침상에 올릴 눈꺼풀을 다듬고 있습니다

자질구레한 촉감을 위해 툭하면 발 떠나는 사내의 끗발을 위해 엉덩이만 톡톡 두드리는 세컨드처럼, 목욕재계하고 부황기 있는 사생활은 감추거나 수선합니다
정읍 오일장에서, 일몰의 뒷자리에서, 동대구 매표소에서, 옆집 카나리아 주둥이에서, 화장실에서 물색없이 만난 언어로 침묵을 소문냅니다 간극을 좁히다 배추씨 같은 애인을 만나면 굶어도 바흐가, 모차르트가 되는 거지요

몇 날 몇 달 연통조차 없다면
詩—팔 것 끼고 있던 아랫도리까지 몽땅 팔까 합니다 심야영화처럼

그대라는 말

그대라는 말

해거름 풀꽃 한 송이로
톡톡 창을 두드리는

한 발짝 멀어지면 조마조마한

인두로 곱게 누르면
다칠 것 같은

며칠 동안 어두워지려 하면

어깨 곡선이
삐뚜름해지려 하는

충실한 소문

저녁 불빛을 옮기는
차들의 행렬

어둠을 분양해
뭉텅뭉텅 가로등 아래 쏟아내고
실팍한 꽃무리
창마다 발 시린 소리 무성하다
그림자를 받쳐준 목이 긴 노동
세상과 속삭인 귓속말 교환한다

바코드 위를 스친 알코올이
묵화처럼 반대편에 서고
나는 헛기침 소리로 정적에 끼어든다
아직은 낡고 싶지 않아
꽃의 신상을 궁금해 하고
엊그제 파종한 뿌리, 수소문하려 든다

입이 굼뜬 나무 곁으로 다가가

늦은 안부를 배웅하면
어둠은 아직 잎을 지우지 않고
도열해 있는 그림자 불판 위에 올린다

손을 거두고
테이블의 혀들이 저녁 목례를 통과하면
불량배 같은 소문 튀어 오른다

입을 당겨 말의 어원을 곱씹어보면
갈증을 보관한 지루한 슬픔들뿐

무게

신탄진 가는 길

잡목림 사이로
둘레석을 동여맨 짧은 그림자
어둑한 봉분 아래
등을 붙이고 있다

푸석한 얼굴로 주위에 포위된
그늘, 빠져나온 지 며칠
그사이
누추하게 견뎌낸 봄날, 뒤태도 없이 사라졌다

혁대를 풀고
마른 머리 빗어 올린
눈썹이 꽉 찬 한 생 다녀갔다
적막처럼 마른 목덜미에 잡힌 겨울 햇살
간단히 완고하다

발을 벗고 누운 풀
냉기 쪽으로 몸을 틀고
바람이 놓고 간 해종일 고요에
마침맞은 무게로
속 짐을 푸는

저 구도를 끌고 가는
노란 무덤, 천천히 안정적이다
고독한 잠 완성하려 여름 같은 긴 얘기
생략하기로

어쨌든 봄밤

겨울 입맛이 풀린
진국 설렁탕 팻말 사이로
봄밤 흩어진다

매화가 걸터앉은 자리에
요염한 사생활 몇 점 히히거리고 있다
쉽게 잠들지 못하고
나비 등에 잠복해 날개를 증발시키다
문득 발화점을 잊었다

귀가를 미룬 발자국들의 고성방가
오늘은
누구의 애인과 눈빛을 겹칠까
분주히 편지 한 구절을 시식한 후
봄밤의 발톱을 간지럽힌
암고양이, 통화를 요청했다

떨이 안개가 날아다니는

신작로 맨 끝
보리밭을 탕진한 거웃들이
쩝쩝 봄맛을 다시며 어슬렁대는

잘생긴 목련 한 벌에게 발작을 권유하는

안주 한 접시

땅거미
발자국을 들여놓는다

낙과처럼 버려진 몸의 마디가
작아지고, 부피가
작아지고, 양복 치수가
작아지고

적막한 얘기들이 배불리 밥을 먹는 시간
혹독한 생의 주문
잠시 보관된다

달달한 술기운이 증명하려는 꽃의 혀
시끌벅적하다
젖은 눈알들의 슬픈 청춘
단맛처럼 다녀가고

가을을 치장했던 한 시절

향은 짙어 아픈 것의 비명 소리 듣지 못했다
하얀 거품을 게워내는 가벼운 시간 임박했는데도
은밀한 비밀처럼 벗어날 수 없다
궁핍하게 에워싼 몸의 실핏줄
어디론가 위태로워

어둑살에 기대려는 친숙한 불안

놓친 것들의 무게를
착화탄 위에 옮겨놓으면
불씨는 되살아 편서풍을 타고 활활 타오를까

늦은 저녁이 앉혀놓은 목덜미 뒤로
둔탁한 혹은 가벼운 종 하나

바람 부는 날

바다 등에 소라 껍데기가 업혔다 밤마다 귀를 베고 물살을 구해 오지만 파도의 울음 염치없이 길다
자주 낙상을 근심한, 유효기간이 간당거리는 헌 등짝 소매 끝이 해진 언어로 괜찮아, 괜찮다를 혼자 중얼거렸다
가난이 다녀가면 바람벽으로 서 있던, 마른 날개를 펼쳐 무능한 바다를 덮어주곤 했다

손을 뻗쳐 간기 밴 먹이를 물어오던, 일숫돈을 건진 고깃배가 덜커덩 바람더미를 밀어낸 후
우물쭈물 몸을 접어, 한 칸 바닷길로 누운 생애

화려한 탈출이라고 긴 감옥으로부터 전보가 도착되었다

불 꺼진 아버지, 잎을 거두고
바람, 한 생애를 떨어뜨리고 갔다

해설

역동적 언어의 미학

권서각 시인·문학박사

남주희 시인의 시를 읽으면 콜라주 기법으로 그린 그림, 혹은 칸딘스키의 추상화가 떠오른다. 모든 예술작품은 대상세계(universe)를 그리는 일이다. 시는 언어로 세계를 그리고 그림은 색채와 선으로 세계를 그린다. 작품과 세계가 멀어질수록 추상에 가깝다. 그런 관점에서 남주희의 시는 적어도 외면적으로는 대상세계와는 거리가 멀게 느껴진다. 가령 "농담으로 열기를 붓질한"이란 시구에서 '열기'라는 말과 호응되는 서술어는 감각어일 것이나 '붓질한'이라는 동사와 결합한다. "어둠을 저음처리 하는"도 같은 맥락의 언어 사용이다. 어둠이라는 색채 이미지가 저음이라는 청각 이미지로 변주된다. 서로 이질적인 언어가 결합함으로써 폭력적 이미지(radical image)를 만들고 이 폭력적 이미지는 독자에게 낯설게 다가갈 수 있지만 시를 역동적이게 한다.

사물을 사실적으로 묘사하는 그림은 사물의 외면은 충실하게 그려낼지 모르지만 사물의 본질에 다가갈 수는 없다. 일상의 언어 사용으로 쓴 시는 독자에게 쉽게 다가갈 수는 있어도 인간의 내면세계를 여실히 보여주기는 어렵다. 문학을 한다는 것은 인간이란 무엇인가에 대한 대답을 얻기 위한 지난한 작업이라 할 수 있다. 인간의 내면세계는 일찍이 프로이트가 밝혀낸 대로 의식하는 세계보다 우리가 의식하지 못하는 무의식의 세계가 훨씬 크다. 우리가 알고 있는 인간의 내면은 빙산의 일각이고 바다 밑에 가라앉은 내면세계가 가라앉은 얼음 덩어리만큼이나 크다.

복잡하고 예측할 수 없는 내면을 그리기에는 우리가 사용하는 일상의 언어는 터무니없이 부족하다. 그래서 시인은 끊임없이 새로운 언어를 탐구하고 구사하여 스스로의 내면을 드러내기에 골몰하는 자이기도 하다. 남주희의 시를 읽으면 내밀한 내면세계를 드러내기에 얼마나 치열한 언어작업을 해왔던가를 가늠해볼 수 있다.

> 한 생이 저렇게 져도 되는가
> 한 생이 저리 눈부셔도 되는가
>
> 나는 가랑이를 벌리고 생산의 임무를 마쳐야 한다 들려

오는 소문의 발상지는 늘 햇살 중간쯤 되는 자리에서 들는, 살이 마른 공백 낀 울음이었다

수천 개의 그리운 화석들이 꽃무릇처럼 피고
나는 저 밑바닥 가장자리쯤에서 생후 처음 듣는 울음의 진원지를 수소문해야 한다

몇 폭의 몸뚱어리가 바트게 접질러진 위로
생이란 생은 모두 바래지며 하얗게 건너가고 있다

오랜 정인에게 띄우는 전갈도 이렇게 백지장처럼 창백할까

어둠을 끄는 듯 끌려가는 흰 노인
풍장처럼 바래지며 천 개의 소금꽃을 따고 있다

—「소금꽃」 전문

소금꽃의 사전적 풀이는 염전에서 소금이 엉키는 모양 혹은 땀이 증발하고 남은 소금의 모양을 가리키는 말이다. 시인이 호출한 어휘는 하필 소금꽃이어야 하는가? 꽃의 보편적 상징은 생명이나 탄생과 같은 생물학적 이미지와 관련된다. 소금꽃은 무생물이다. 이로 미루어 시인이 호출한 소금꽃은 생명이 없다는 데 방점이 주어진다. 시인의 시선이 가닿은 쪽

은 생성 쪽이 아니라 소멸 쪽이다. "한 생이 저리도 눈부셔도 되는가"라는 물음은 물음이라기보다 소멸의 이름다음에 대한 경탄이라 할 수 있다.

이 시의 화자가 온힘을 다해서 탐구한 것은 생이란 무엇인가라는 물음이다. "소문의 발상지", "울음의 진원지"라는 구절이 그런 탐구의 여정을 말해준다. 그 여정의 끝에서 화자가 만나게 되는 것이 소금꽃이라는 창백하고도 눈부신 소멸 이미지다. 가을 지나고 창틀에 떨어져 죽은 하루살이의 주검을 볼 때가 있다. 대개의 주검은 시각적으로 아름다움과는 거리가 멀지만 하루살이의 주검은 전혀 거부감 없이 볼 수 있다. 거의 무게가 없는 가벼움의 존재다. 하루살이의 생은 하루만으로 한정되기에 그의 생은 그만큼 치열할 수밖에 없다. 어떤 후회도 미련도 없이 살았기에 하루살이의 주검은 꽃잎처럼 가볍고 아름답다. 시인이 바라보는 인간의 생애도 하루살이만큼이나 치열하고 격정적이었을 것이다. 모든 살아있는 것은 소멸한다는 당위를 누구나 알고 있지만 그러나 내면으로 받아들이기는 쉽지 않다. 시인의 시선이 소금꽃이라는 소멸의 미학에 닿기까지의 생에 대한 성찰의 여정을 가늠하게 한다.

저 불안한 사내

각을 변경하며 스커트를 훔치고 지나가는 꽃들을 시식

한 후 천정을 뚫는다 헐값을 쓸어 담은 가죽 가방을 비틀며 체위 놀음인 양 눈동자를 껴안고 롤랑 바르트처럼, 사이비 교주처럼 흐릿해지려 한다 옆 아가씨의 스마트폰 글씨를 집어 들고 히죽히죽 눈초리를 넓힌다 바닥을 훑다가 지하철 노선표를 끌어당겼다 놔 준다 춤 선생처럼 울타리가 곳곳에 쳐진 미친 생을 열람 중인가 눈 이동이 심하다 힘센 척추, 왕성한 미토콘드리아를 요하는 발기부전 문구에 모가지가 정지된다

손가락이 채워진 금반지 틈을 노리고 저녁을 옮기는 착한 지하철 무심하게 통과한다 나무와 전신주가 입을 깨물고 유리창에 덤빈다 싹수가 노란 관리대상 품목에 죽자고 들러붙는다 노회한 자루 속을 들락거리다 귀가 닳은, 꽃제비의 눈웃음이 오후 쪽으로 빠지고 빌어먹을 얼굴 한 칸 뒤적여보니 속눈썹이 중고(中古) 같다 배달된 인상은 에오라지 팽 당한, 벌레이다

—「눈웃음」 전문

사람을 만물의 영장이라고 한다. 호모사피엔스가 다른 동물과 구별되는 점은 여러 가지가 있지만 그렇다고 해서 모든 면에서 우수한 것은 아니다. 그런 호모사피엔스로서의 몇 가지 특성을 제외하면 사람은 다른 동물에 비해 오히려 열등한 면이 많다. 시인은 '눈웃음'을 통해서 겉으로 보기에 우아한 만물의 영장이라는 외면 뒤에 숨은 수컷의 적나라한 모습을

풍자적 시각으로 바라보고 있다.

동물의 왕국의 수컷들은 당당하게 결투를 벌여 이긴 자가 모든 암컷을 차지한다. 그래야 우수한 종을 생산하여 그들의 종족을 보존할 수 있기 때문이다. 사람 수컷도 암컷을 차지하려는 본능은 다른 동물과 다르지 않다. 겉으로는 만물의 영장으로서의 위엄을 갖추고 있지만 내면에는 암컷을 차지하려는 욕망을 감추기에는 모자란 부분이 많다. 특히 저녁이라는 시간은 더욱 그러하다. 불안한 눈빛으로 스커트를 훔치고, 미토콘드리아를 요하는 광고 문구에 눈길을 주기도 하고, 그런 눈웃음으로 속눈썹이 중고가 되기도 한다. 급기야는 팽 당한 벌레의 초라한 형상이 된다. 아무리 품위를 유지하려고 만물의 영장으로서의 허세를 부려보아도 오히려 동물의 당당함에 비하면 초라하기 그지없는 인간의 초상을 드러낸다. 전면적 진실이라는 문학용어는 인간의 삶의 어느 부분이 아니라 인간의 전면을 탐구하려는 태도를 가리키는 말이다. 시인 시각은 인간탐구의 여정에서 수컷의 속성까지 탐구의 영역을 확대하고 있다. 전면 진실로 나아가려는 치열한 시적 사유의 산물이리라.

빛의 퇴화를 보러 저무는 저녁으로 나가야겠다

여자의 등에 실려 조붓하게 사라지는 시간

예의 바르다

농담(濃淡)으로 열기를 붓질한 하루
누구를 기다리는 것일까

검은색 슈트가 연서를 만지작거리며
금빛 단추가 반짝이는 쪽으로 걸음을 밀고 있다
금세 알을 부화하려는 새 한 마리 일몰 쪽으로 날개를 펴고
막 필 것 같은 고마리꽃에 물렁뼈를 부친다

불량기 없는 색채, 바통을 떨어뜨리면
어둠을 저음 처리하는 구부정한 각

물랭루주처럼 찍힌
엉큼한 색,
바람에 중독된 잡초들의 곁눈질을 거들고
기울기가 각각인 어깨
어둠의 발신인이 되는

결핍을 무화시킨
하루를 찔러댄 숨소리, 친밀하다

—「어둠을 편애하다」 전문

바슐라르는 촛불의 미학에서 아궁이불과 촛불을 비교하면서 아궁이불은 땔감을 보충하는 노동을 요구하지만 촛불은 상상을 요구한다고 했다. 그냥 바라보기만 하면 되기 때문이다. 바라보는 동안 상상력의 세계가 펼쳐진다. 이 시에서의 어둠은 다분히 바슐라르적이다. 낮은 노동을 요구하는 시간이지만 밤은 정적인 시간이요 상상이 나래를 펴는 시간이다. 화자는 빛이 없는 어둠의 시간을 상상력의 공간으로 치환한다.

"빛의 퇴화를 보러 저무는 저녁으로 나아가야겠다"는 진술은 화자의 의지를 드러낸다. 어둠이 내린 밤으로 간다고 하지 않고 굳이 빛의 퇴화를 보기 위해서라고 한 것은 빛에서 어둠으로의 변화가 설레기 때문이었을 것이다. 빛과 어둠이 교차하며 어둠이 밀려오는 시각은 설렘의 시각이다. 어떤 이는 이를 개와 늑대의 시간이라 한다. "농담으로 열기를 붓질한" 고요한 공간은 새로운 세계를 예비한다. 은밀하게 연서가 건네지기도 하고 화려한 무도회가 펼쳐지기도 한다. 낮이 규율과 도덕과 생산이 있는 시간이라면 밤은 그 모든 일상으로부터의 일탈의 공간이며 자유로운 영혼의 공간이다. 스스로의 내면을 스스로 들여다보기는 쉽지 않다. 시인은 어둠의 공간에 상상력의 유영을 하면서 스스로의 무의식 속으로 자유로운 여행을 즐기고 있다. 무의식 속에서만 자아를 가감없이 만날 수 있기 때문이다. 시인에게 있어서 밤은 자아와

가장 가까이 대면하는 시간이요 공간이다.

무량사 극락전에서 오체투지 코를 박았다
염불 한 자락 구시렁대다 색즉시공 공즉시색, 다음 구절이 생각나지 않는다
잘 감긴 아지랑이를 풀어내는, 구불구불한 절집 노랫말 같은 그것
에~또 에~또 하다가 죽비가 엉덩짝을 콱 내리친다

함량 미달인 전생을 탓하다 억겁을 바치고 서 있는, 수컷처럼 늠름한 절 기둥을 끌어안았다
내가 안고도 또 내가 남아 혓바닥으로 브라보 관세음을 외쳤다
벼르던 첫사랑을, 헐한 생애인 양 와락 당겼다
돌쇠 같은 근육이
물컹
오래 방치된 순정처럼 살 뭉치가 약하다
사랑하면 이렇게 근본 없이 무너져도 되는 것일까
부처도
극락도

낯 뜨겁게 농의한 오십 년이 훌찍 지나갔다

부적절한 관계도 없이

—「물컹」 전문

미시마 유키오는 '부도덕 강좌'에서 선생 깔보지 않는 학생치고 똑똑한 학생 없다고 했다. 산다는 것은 도덕과 부도덕의 경계 어디쯤을 걷는 것인지도 모른다. 현실에서는 도덕을 당위로 받아들이지만 내면에서는 부도덕이 꿈틀대는 것이 사람의 본래의 모습일 수도 있다. 선생을 깔보는 학생이 미래를 열어가는 창조적 인간이듯이 내면의 부도덕한 욕망이 역사의 수레바퀴를 움직이는 힘인지도 모른다. 이 시를 이끄는 이는 경건한 절집에서 염불을 건성으로 구시렁대기도 하고 수컷 같은 기둥을 끌어안기도 한다. 관세음보살과 브라보가 스스럼없이 어울린다. 화자는 무의식의 심연에서 부도덕의 유영을 하고 있는 것이다.

시인이 시를 쓰는 이유는 일상의 언어로 표현할 수 없는 인간의 내면을 언어를 통해서 드러내는 행위다. 인간의 내면은 일상에서 쓰는 언어로는 도달할 수 없는 층위와 불확실한 시간으로 구성된다. 시인은 그것을 포착하기 위해 그만의 어법을 구사하게 마련이다. 남주희 시인의 어법은 때로는 독백으로 때로는 콜라주로 일상의 언어로부터의 일탈을 시도한다. 그런 일탈의 여정 혹은 부도덕의 심연에서 만난 또 하나의 언어가 '물컹'이라는 어휘다. 오로지 사랑하다 도달한 자리에서 만난 물컹! 긍정도 아니고 부정도 아니다. 그러나 사랑을 해본 사람은 고개를 끄덕이게 한다.

길모퉁이
어둠이 대폿집 쪽으로 옮겨 앉는다
스멀스멀 올라오는 피곤을
어깨 중심은 허락한다
몇 순배의 알코올로
몸살을 키운 나무 울음을 끄집어낸다

시야를 가린 기억
어둠을 해부하지 못하고

내처 달리지 못한 차들이
경적을 쏟으며 바퀴를 멈춘다
아무래도 오늘 어둠은 무게가 없어
아무렇게나 굴러간다
피다 만 꽃무릇 웃음을 저장한 채
달빛 쪽으로 어깨가 쏠린다

귀를 꿰메 새, 소리가 들리지 않아
봄을 수리하는 사이
허공으로 피신한 부리들, 휴식을 동냥하러 온 취객들과

완전히 취한다

잠꼬대를 껴입은 바짓가랑이
노랫말이 불안하다

흐릿해지려는 목선(木船) 예약이 취소되었다는 전갈 아직 유효한지 최초의 발이 돌아다니고 마음이 돌아다니는, 취했다

—「무한정 취하다」 전문

술이 취해 울다를 "몇 순배의 알코올로/몸살을 키운 나무 울음을 끄집어낸다"고 하고 새소리가 들리지 않는 상황을 "귀를 꿰맨 새, 소리가 들리지 않아/봄을 수리하는"이라 한다. 봄과 새, 어느 것이 주체인지 구별되지 않는다. 탄력성 있는 언어의 발랄함이 시를 읽는 재미를 더해준다. 이런 표현은 이 시집을 관통하는 수사법이기도 하며 남주희 시인만의 어법이다. 처음엔 낯설게 느껴지기도 하지만 그만의 언어적 특성에 익숙해지면 시를 읽는 재미를 느끼게 된다.

프로이트에 의하면 사람의 무의식은 일상에서는 드러나지 않는다. 우리가 쉽게 확인할 수 있는 사람의 내면은 빙산의 일각으로 바다 위에 드러난 뾰족한 작은 부분이다. 초자아(super ego)가 무의식이 드러나는 것을 억압하기 때문이다. 프로이트는 꿈에서 무의식이 드러난다고 했다. 꿈을 분석하면 그 사람

의 내면세계를 알 수 있다는 것이다. 사람의 내면은 의식의 세계만을 가리키는 것이 아니라 의식과 무의식을 함께 이르는 말이다. 그를 온전히 이해하기 위해서는 무의식을 알아야 하고 무의식은 꿈을 분석함으로써 비로소 드러난다는 것이다. 이 시에서는 술은 무의식을 드러내는 기제로써 작동되고 있다. 우리 속담에 '평시에 먹은 마음 술 취하면 드러난다'는 말이 있다. 그러니까 술은 무의식으로 들어가는 통로가 되는 것이다.

의식의 세계를 드러내는 언어와 무의식의 세계를 드러내는 언어는 같지 않다. 논리적으로 추론이 가능한 의식의 세계를 드러내는 언어는 일상의 언어로 족하지만 꿈과 같은 무의식의 세계를 드러내는 언어는 일상의 언어로는 가능하지 않다. 시인은 사람이란 무엇인가, 나는 누구인가라는 물음에 답하기 위해 그만의 어법으로 치열한 탐구를 하고 있다. 그의 시는 전면 진실로 가기 위한 지난한 여정의 산물이다.

이 시집을 일관되게 관통하는 시적 배경은 저녁이다. 낮에 보이는 사물은 누구나 쉽게 볼 수 있다. 그러나 저녁이 오면 세계는 어둠에 묻히게 된다. 남주희 시인의 시선은 밝음에 있지 않고 어둠 쪽에 닿아 있다. 보이지 않는 것, 소외된 것, 잊힌 것들 속에서 소중함이 있다는 믿음에서 시적 진실을 '수소문'하고 있다. 그 여정에서 만난 것들이 '나무의 울음'이고 '꽃무릇의 웃음을 저장한 달빛' 같은 내밀한 세계다.

흐릿해지려는 목선(木船) 예약이 취소되었다는 전갈
아직 유효한지 최초의 발이 돌아다니고 마음이 돌아다니는, 취했다

그의 시에 유난히 자주 만나게 되는 '흐릿하다'는 그의 시의 여정이 아직 끝나지 않았다는 인식이며 산다는 것에 대한 하염없음, 혹은 아득함에 대한 기호이다. '돌아다니는' 또한 동일한 의미의 기호라 할 수 있다. 주어와 서술어의 불일치, 주체와 객체의 모호함, 이질적 어휘의 결합은 불가사의한 생에 대한 인식으로 읽을 수 있다. 그러나 그것이 허무나 독단에 기울지 않고 역동적 이미지로 다가오는 것은 남주희 시인만이 지닌 그의 시적 성과라 할 수 있을 것이다.

이 도서의 국립중앙도서관 출판시도서목록(CIP)은 서지정보유통지원시스템 홈페이지(http://seoji.nl.go.kr)와 국가자료공동목록시스템(http://www.nl.go.kr/kolisnet)에서 이용하실 수 있습니다.(CIP제어번호: CIP2017027574)

문학의전당 시인선 0271

제비꽃은 오지 않았다

초판 1쇄 인쇄 2017년 10월 24일
초판 1쇄 발행 2017년 10월 31일
지은이 남주희
펴낸이 고영
책임편집 서윤후
디자인 헤이존
펴낸곳 문학의전당
출판등록 제2017-000002호
주소 서울시 마포구 마포대로 11길 91, 3층
전화 02-852-1977 팩스 02-852-1978
전자우편 sbpoem@naver.com

ISBN 979-11-5896-344-6 03810